LE PETIT
ORACLE DES DAMES

LE PETIT
ORACLE DES DAMES

ou

récréation du curieux,

CONTENANT

Soixante-douze figures coloriées, formant le jeu complet de cinquante-deux cartes, avec la manière de tirer les cartes, tant avec ce jeu, qu'avec les cartes ordinaires.

PARIS

Impr. de Ducessois, 55, quai des Gr.-Augustins,
(Près le Pont-Neuf.)

ÉPITRE AUX DAMES.

Un homme galant doit toujours hommage aux dames du fruit de ses travaux. On pourrait croire que je ne suis que galant en voyant cette dédicace; on n'aurait pas tout à fait deviné : cependant j'ai encore un autre but. Notre sort est entre les mains des dames, ainsi il est bien juste de leur dédier un ouvrage qui n'a pour but que d'interroger le sort sur ses secrets. Un autre motif devait m'y déterminer aussi. Souvent, lorsqu'une belle prend les cartes magiques, et tâche de lever un coin du voile qui couvre l'avenir, elle n'est portée à ce mouvement de curiosité que par une tendresse bien juste, un sentiment bien honorable ; c'est pour un amant, pour un père, un fils, un époux, qu'elle veut lire dans les temps qui ne sont pas encore. Comme elle tremble, lorsque la carte funeste se présente à ses yeux ! Comme elle se réjouit, lorsqu'un présage heureux paraît en faveur de ce qu'elle aime! O femmes! vous êtes plus sensibles que nous, et voilà pourquoi vous voulez connaître l'avenir. Qu'il doit être heureux l'amant qui voit sa maîtresse deviner son destin dans les figures symboliques, et l'assurer, en souriant, que la félicité l'attend! En ce moment, il croit... non aux cartes... mais au sourire de sa maîtresse.

Puisque l'amour et la tendresse ont fait naître la Cartonomancie, ce devait nécessairement être chez le sexe des grâces qu'il devait avoir accès. Aussi, en ce moment, est-il de mode que chaque belle ait son jeu magique et promette le bonheur à qui peut la consulter. C'est une innocente récréation, le badinage d'un moment. Pour seconder les vœux des jolies devineresses, au lieu de cartes qui ne peuvent avoir que le sens qu'on veut bien en donner, nous leur offrons quarante-deux tableaux qui expriment, par des figures allégoriques, toutes les passions humaines, et présentent des explications plus claires et toutes faites. Pour satisfaire tous les goûts, cependant, et pour faire un jeu plus complet, nous avons joint à chaque tableau une carte du jeu de Piquet, de manière qu'on peut employer ces cartes comme cartes seulement ou comme tableaux. C'est, jusqu'à ce jour, le premier jeu de ce genre et le plus intéressant qui ait paru. Il est, au surplus, calculé suivant le système des philosophes anciens et des meilleurs maîtres modernes. Nous n'aurions pas voulu rien omettre ou rien négliger dans une chose aussi essentielle. Il ne nous reste, après un tel travail, qu'à souhaiter que la somme du bonheur annoncée par nos tableaux surpasse toujours celle du malheur. Puissions-nous, par de douces illusions, conduire à une réalité plus douce encore !

LE PETIT
ORACLE DES DAMES.

Iʳᵉ SERIE
DITE SIÈCLE D'OR.

N° 1.

Voyage, terre, quatrième élément.

Sous le signe du Lion.

La déesse *Isis*, au milieu d'un cercle formé par un serpent qui se mord la queue, représente l'*univers*, Le cercle est l'emblème des révolutions annuelles, et l'image de l'éternité, qui n'a ni commencement ni fin. *Isis*, que les Egyptiens considéraient comme l'origine de tout, semble prête à courir. Aux quatre coins du tableau sont les emblèmes des saisons. L'*Aigle*, sous le signe de la Vierge ♍. C'est l'image du printemps qui ramène les oiseaux. — Le *Lion*, sous son signe ordinaire . Il indique l'été ou les ardeurs du soleil. — Le *Bœuf* ♉. C'est l'allégorie de l'automne, où on laboure et l'on sème. Enfin, le *Jeune Homme*, sous le signe des Gémeaux ♊, représente l'hiver, saison où l'on se réunit en société.

Nous ajoutons à ce tableau le *huit de carreau*, placé sous le bœuf. Il désigne le même sujet, *campagne*, *terre*, *labour*. Lorsque ce tableau est précédé du signe de *Jupiter*, il est d'un augure très-favorable.

N° 2.

Eclaircissement... Feu, deuxième élément.
Victoire.

Sous le signe du Taureau.

Le soleil éclaire l'union de l'homme et de la femme ; cette union est devenue, par suite, la figure emblématique des Gémeaux, de l'Androgine : *Duo in carne uná.* Nous mettons ce tableau au signe du taureau ♉, comme le plus ancien. La victoire fait le sujet du second tableau ; de sa main droite elle tient la couronne de laurier, et de l'autre la palme du triomphe.

Le *neuf* de cœur, placé au coin, désigne les deux sujets, *victoire*, *bonheur* et *réussite* dans les grandes opérations. Ce tableau, fût-il entouré de tableaux sinistres, est d'un très-bon présage : les rayons du soleil pénètrent tout.

N° 3.

Propos Eau... Premier élément.

Sous le signe du Cancer.

Ce tableau représente la lune et les animaux terrestres. On a choisi le loup et le chien, pour désigner les animaux sauvages et domestiques, en outre, parce qu'à l'aspect de l'astre de la nuit, ils poussent des hurlements, comme s'ils regrettaient le jour. Ce sujet allégorique annoncerait sans doute de grands malheurs, si l'on n'apercevait point la ligne du tropique, c'est-à-dire du départ et du retour du soleil, qui laisse l'espoir consolant d'un beau jour et d'une meilleure fortune. Cependant les deux tours ou forteresses qui défendent un chemin tracé par le sang et coupé par un marais que l'on découvre dans le fond du tableau, offrent toujours des obstacles sans nombre à surmonter. Le *sept* de pique désigne le même sujet. Ce tableau n'annoncerait que des choses sinistres, s'il n'était point précédé d'un tableau plus favorable.

N° 4.

Etoiles brillantes. Air... Troisième élément.

Sous le signe du Verseau.

Réunis autour d'un cercle lumineux, dont le soleil est le centre, les planètes sont dans leurs demeures ordinaires; à la droite du soleil, on distingue la Lune; au-dessus de cette dernière, Saturne; au-dessus de l'astre du jour, Mercure, et au-dessous, Jupiter; Vénus est à gauche, et, diagonalement, Mars. Cette position annonce la séparation du cercle lumineux; le soleil n'étant point en conjonction, l'air est plus tempéré, moins dangereux. La femme tenant d'eux, présage un temps heureux et la fertilité. Le papillon qui se pose légèrement sur les fleurs, marque la régénération. Le *huit* de cœur désigne la pensée. Ce tableau est du plus heureux augure, surtout lorsque le souverain des Dieux le précède ; ils annonce la *prospérité*, l'*appui* et la *réussite* dans tous les désirs que l'on peut former.

N° 5.

Création de l'homme et de la femme, génération.

Les anciens ont regardé les hommes comme enfants de la terre (témoins les dents semées par Cadmus, les pierres jetées par Pyrrha).

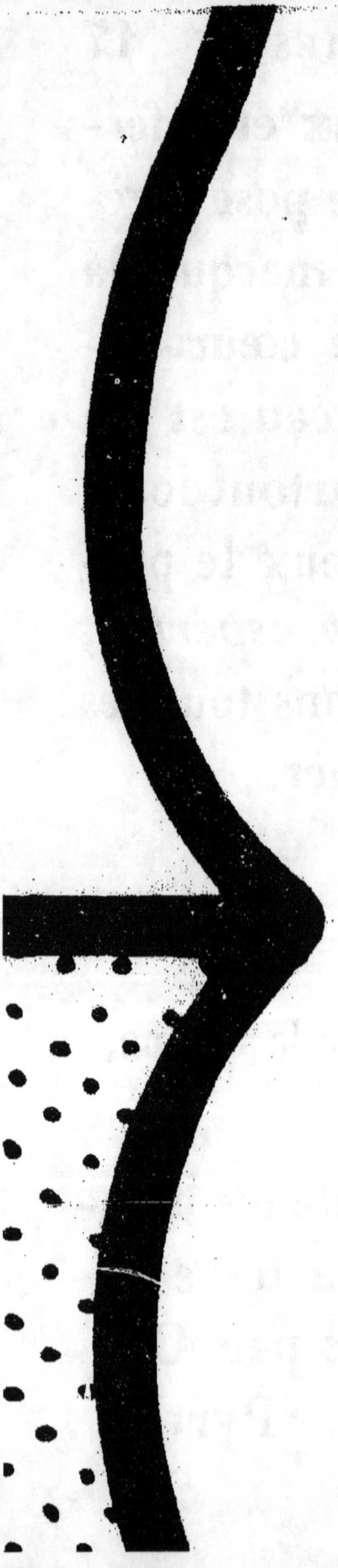

Pour représenter la création de l'homme, Thot a choisi Osiris, ou le dieu générateur, le porte-voix ou verbe qui commande à la matière; et des langues de feu qui s'échappent de la nuée, pour marquer l'esprit du dieu qui, d'une main aussi puissante que bienfaisante, indique cette matière et l'anime. Les hommes sortent de la terre, et semblent ne recevoir l'existence que pour en reporter le tribut d'admiration vers la main créatrice.

Ce tableau, qui rappelle la toute-puissance du père de la nature, est heureux. Le *dix* de trèfle est analogue au sujet. Lorsque la Prudence et la Tempérance le précèdent, il annonce une grande réussite.

N° 6.

Le paradis terrestre, homme et femme méchants.

L'homme et la femme chassés du paradis terrestre désignent la chute des humains. Une épée flamboyante, ou plutôt la queue d'une comète, précipite leur fuite, qui est accompagnée d'une grêle terrible, présage cependant des biens de la terre en certaines saisons. Le tableau renversé représente l'homme et la femme méchants. L'homme est à gauche, ainsi que le *huit* de pique; une coupe de poison est à côté de lui, et sa main droite est armée d'un poignard. Près de lui est Pandore, désignant par un mouvement de curiosité la fatale boîte renfermant tous les maux qui doivent désoler l'humanité.

Si ce tableau n'est pas, par hasard, précédé de Jupiter ou du Soleil, il annonce de grands malheurs; mais dans tous les cas, il ne présage rien d'avantageux.

N° 7.

La force majeure, entreprise.

Ce tableau est le dernier de la première série. On y voit Typhon, ou l'Esprit méchant qui vient corrompre l'innocence de l'homme primitif, et terminer l'âge. Sa queue, ses cornes, ses longues oreilles, signes d'ignorance, annoncent un être dégradé, avili. Son bras gauche levé, son coude ployé, formant une N, symbole des êtres produits, nous le fait connaître comme ayant été créé; mais le flambeau de Prométhée qu'il tient de la main droite, paraît compléter la lettre M, qui exprime la génération. L'histoire nous donne elle-même cette explication, en nous apprenant que Typhon ayant privé Osiris des attributs de la virilité, voulut s'en approprier la puissance créatrice. Il ne créa que les maux qui fondirent sur la terre.

Les deux êtres enchaînés à ses pieds sont l'emblème de la nature humaine corrompue et soumise; leurs ongles crochus désignent leur cruauté. Un de ces êtres, pour devenir semblable à l'esprit méchant, touche de sa griffe la cuisse de Typhon, emblème de la génération charnelle; il la touche avec sa griffe gauche, pour en marquer l'illégitimité.

Ce tableau annonce de grandes entreprises dans les affaires d'intérêt. Si la Prudence et la Justice le précèdent, il présage le succès. Le *neuf* de carreau offre le même sujet.

IIe SERIE

DITE SIÈCLE D'ARGENT.

N° 8.

La force, ennui, dégoût.

Sous la figure d'une jeune femme qui terrasse un lion, la Force est ici représentée. Elle ouvre la gueule du lion avec autant de facilité que si ce n'était qu'un petit épagneul ; elle vient au secours de la Prudence, en triomphant du lion, qui est l'emblême de la terre inculte et sauvage. C'est nous apprendre que la prudence et la force doivent toujours aller de compagnie. Pour que ce tableau soit d'un bon augure, il faut que la Prudence le précède.

Le tableau renversé représente une femme nonchalamment couchée sur un canapé et laissant échapper un livre de ses mains. Elle annonce *ennui*, *dégoût*, *insouciance*. Le *quatre* de carreau représente le même sujet.

N° 9.

La prudence, le peuple.

Ici est représentée la Prudence; elle est debout, mise simplement;

sur sa ceinture est écrit : *Thot*; dans sa main droite elle tient son emblème ordinaire, et de sa gauche elle relève le pan de sa robe. C'est avec précaution qu'elle s'avance. Elle a un pied élevé, et regarde avec soin où elle va le poser, de peur de blesser le serpent qui rampe à ses pieds et qui lui ferme un passage très-étroit et environné d'épines.

Ce tableau, placé à la gauche du n° 13, est d'un très-mauvais augure; placé à la droite, il annonce le triomphe et le bonheur. Le *quatre de trèfle* a le même avantage.

N° 10.

La tempérance, nuit, jour.

Sous le signe du Verseau.

La Tempérance se présente sous l'allégorie d'une jeune femme ailée, qui, pour instruire l'homme et lui apprendre à éviter les maux qui naissent de l'intempérance, verse de l'eau dans du vin, et lui fait comprendre qu'il faut apaiser la violence de ses désirs. Le *quatre* de carreau désigne la même chose, et annonce *bonheur* et *longue vie*.

Le tableau renversé représente la nuit et le jour, et le cercle que parcourt le soleil du signe de la Balance au signe du Bélier. C'est le présage d'un jour pur, de réussite dans les plantations, et de la félicité.

N° 11.

Thémis, la justice. Le riche corrupteur.

Sous le signe de la Balance.

Ce tableau offre la Justice: Astrée elle-même, descendue du ciel, est assise sur son trône d'ébène. D'une main elle tient une balance dans laquelle elle pèse les actions humaines : de l'autre un poignard pour punir le crime. Elle est présentée de face, afin qu'on voie mieux la fermeté de son regard. Précédé des numéros 9 et 10, ce tableau est un signe de bonheur. Le *deux* de trèfle répond au sujet.

Le tableau renversé présente un riche corrupteur, donnant de l'argent à une vieille corruptrice qui lui vend l'Innocence. Lorsque le tableau de la Justice se montre renversé, c'est signe de *corruption*, de *fausseté*, et de gens dont on doit se *méfier*.

N° 12.
La fortune, augmentation.

La Fortune est nue, et sans autre parure qu'une draperie légère; ses yeux sont bandés, et elle verse ses dons, en courant au hasard, en parcourant la terre. Un génie ailé veut l'arrêter par sa draperie, mais vainement. C'est, sans doute, l'occasion que les anciens ont voulu désigner par ce génie.

Le tableau renversé est une allégorie complète. Une souris, animal immonde, entraîne sur la roue de fortune un homme lui-même ; à côté de la roue est un tronc d'arbre desséché, sur lequel est un singe couronné. Ainsi, l'ignorance et la bassesse sont favorisés par la fortune, qui oublie le génie et la vertu. L'explication se trouve dans les précédents numéros.

N° 13.
Mortalité, chagrin, deuil.

La Mort est représentée avec tous ses attributs, et semble prête à anéantir tout ce qui existe, grands et petits. Ce n'est point sans intention qu'elle est placée sous le numéro 13; ce numéro, que les anciens ont regardé comme le plus malheureux, sans doute à la suite d'une expérience funeste. Ne serait-ce pas par cette raison que les treize tribus des Hébreux n'ont jamais été comptées que pour douze ?

Ce tableau n'annonce rien de bon. En le renversant, il présente une femme en pleurs sur un tombeau, et s'appuyant sur une urne cinéraire. Sans doute c'est la cendre de son époux qu'elle arrose de ses larmes. Ce sujet annonce des *peines* et des *chagrins*. Le *neuf* de pique est d'un m... présage.

N° 14.

Le sage cherchant la vérité,
la fidélité.

Sous le signe de Saturne.

Un philosophe vénérable, appuyé sur un bâton, et de sa main gauche tenant une lanterne, cherche la Vertu et la Justice. *Court-de-Gebelin* prétend que c'est d'après cette allégorie qu'on a imaginé Diogène cherchant un homme. Les diseurs de bons mots, les épigrammatistes sont de tous les siècles. Cette allégorie nous apprend que sans la sagesse on ne peut être heureux.

Le sujet opposé représente la Fidélité, tenant de la main gauche la clef d'un coffre-fort, et de l'autre flattant un chien. Le *trois* de cœur présage *fidélité*, *union*. En général, ce tableau est d'un très-bon augure.

IIIᵉ SERIE

DITE SIÈCLE D'AIRAIN.

Nº 15.

Dissension, Bellone.

Osiris, première divinité des Egyptiens et des peuples sabéens, image symbolique du soleil, qui reparaît avec plus d'éclat que jamais après l'hiver; Osiris, dis-je, sur son chariot, cuirassé, armé d'un javelot, exprime les dissensions, les meurtres, les combats du siècle d'airain, *et* annonce le siècle de fer. Le *roi* de pique, qui se trouve au coin gauche du tableau, désigne un homme d'état ou de robe; c'est un présage d'*appui*, de *protection*.

Ce tableau renversé présente Bellone dans un moment de fureur. Le casque en tête, le bras couvert d'un bouclier, la main armée d'une épée, elle vole au combat. Un cadavre est étendu à ses pieds. Ce sujet désigne assez les fureurs de la guerre, sous la planète de Mars. Le *six* de pique répond au sujet. Ce tableau est d'un très-mauvais présage, surtout s'il précède le signe de Saturne (n° 14), c'est le signe de la ruine et de la mort.

N° 16.

L'homme entre le vice et la vertu.
trahison.

Ce n'est plus la raison qui le conduit, cet homme placé entre le vice et la vertu, c'est le hasard; il balance, il ne sait de quel côté il se jettera; un désir, un rien peut l'entraîner. Le vice l'attire en souriant, mais la vertu, par sa simplicité même, semble devoir l'entraîner de son côté. Cette allégorie nous apprend à nous méfier de certaines gens qui cherchent à nous séduire.

L'autre tableau présente un traître au milieu des ténèbres, entortillé d'un manteau, une lanterne sourde à la main et un poignard de l'autre. Ceci doit nous faire tenir sur nos gardes et nous inspirer de la défiance pour les ris et les caresses de quelques personnes, surtout en voyage. Le *dix* de carreau est du même augure. Ce tableau n'est heureux que lorsqu'il est précédé du neuvième.

N° 17.

Mariage, union.

L'union conjugale est ici représentée par un jeune homme et une jeune femme, qui se donnent mutuellement leur foi; l'Amour leur sert de prêtre et de témoins. Les beaux titres de *vérité, honneur* et *amour*, distinguent ces personnages. La *vérité* désigne ici la femme, parce qu'une fidélité constante lui est nécessaire. Ce monument précieux fut élevé par un nommé *T. Fundanius Eromenus* à son épouse, *Popée Demetrie*, et à sa fille *Manilia Eromenis*. (On voit dans les antiquités de Boisard un semblable monument.)

Ce tableau annonce le bonheur; cependant s'il était suivi par le n° 13, il annoncerait au contraire une maladie prompte et de grands chagrins. Ce présage n'aurait pas lieu s'il était précédé de Jupiter.

N° 18.

Jupiter ou l'éternel protecteur.

Jupiter, ou le souverain de l'Univers, assis sur un nuage, l'aigle à son côté, la foudre en main, menace ou calme la terre, dont il régularise les mouvements. C'est le protecteur des humains; son signe est dans un cercle polaire

Ce tableau présage *grand honneur, consultation, célérité, protection*. Il est très-favorable quand il termine le nombre 7, ou qu'il est précédé par le Soleil, qui est la lumière universelle. On l'explique de diverses manières; en général, il représente les chefs temporels et spirituels de la société. Le *roi* de carreau est du même augure.

N° 19.

La loi et la foi. Sûreté et harmonie des peuples.

Cette jeune femme, armée d'une massue et dans un costume qui annonce la souveraineté, a sur sa poitrine un œil, signe de vigilance; près d'elle une table d'airain, sans doute celle des lois; c'est l'allégorie de l'harmonie des peuples. Elle est assise sur une pierre triangulaire, emblème, chez les Egyptiens, de la durée des siècles. Au-dessus d'elle, au milieu d'un nuage épais qui s'ouvre, deux mains se prennent amicalement. C'est le signe de deux hommes qui, divisés, se réunissent enfin avec bonne foi, sous les auspices de la loi : présage de *concorde, d'union*. Le *trois* de trèfle désigne la même chose.

Ce tableau est d'un très-bon augure, quand il est précédé du huitième, et suivi des neuvième, dixième, onzième et douzième tableaux. Il désigne alors *grande harmonie parmi les peuples, dans les sociétés, dans les ménages*.

N° 20.

Junon protectrice.

Ce tableau est tout allégorique. L'orgueil des puissants est exprimé par le paon, sur lequel Junon a l'air de s'appuyer. De sa main droite, la déesse montre le ciel, et de l'autre la terre, annonce d'une religion terrestre ou de l'idolâtrie.

Ce tableau s'exprime de lui-même : Junon est la souveraine des cieux. Quand ce tableau vient à notre droite, ainsi que les deux numéros précédents, c'est signe de grande protection. La *dame* de carreau a la même influence.

N° 21.

Le bateleur et le fou.

Bateleur vient de *Baste, bâton*; placé à la tête des états, il indique que la vie n'est qu'une illusion, un escamotage. On regarde ce tableau comme de mauvais augure. C'est l'emblème de l'*ennui*, de la *maladie*. Le *deux* de pique est du même présage.

L'autre tableau présente un fou : on le reconnaît à sa marotte, à son bocqueton garni de coquillages, de sonnettes. Il marche très-vite, comme un fou qu'il est, croyant par là échapper à un tigre qui lui mord les reins. Quant au sac, il est l'emblème de ses fautes, qu'il ne voudrait pas voir ; et le tigre, celui des remords qui le suivent et s'attachent à lui. Ce tableau ne fait que nombre, il ne compte point dans la série. Les Égyptiens ne lui donnaient aucune place particulière.

Seul, il ne pourrait s'expliquer. Le *trois* de pique désigne ordinairement, *inconduite, prodigalité, préjugés, aveuglement.* Il n'est pas plus heureux que le précédent.

N° 22.

Consultant, consultante.

La Consultante est représentée nue, pour marquer la vérité. Nous nous reportons au temps de la création ; alors le genre humain n'était point dégradé. C'est pour ne point déranger l'ordre des séries que nous avons placé ici ce tableau qui devait être le premier. Nous le mettons sous le signe du Bélier, et l'autre sous le signe de la Vierge. Les personnes instruites connaissent leurs rapports, et savent que leurs planètes adoptives sont Mars et Mercure, suivant l'astronomie. Ce tableau ne peut s'expliquer que par le rapport de ceux qui le précèdent.

N° 23.

L'amour, le désir.

Sous la planète de Vénus.

L'Amour fuit en décochant une flèche; il a sur les yeux un bandeau, mais il est d'une gaze si légère, que le malin enfant voit parfaitement tout. Sa guirlande de fleurs sert à cacher les traits qu'il veut lancer. L'allégorie qui occupe est égyptienne, et désigne l'amour ou plutôt le désir. C'est une espèce de vase de verre, d'où il s'échappe par le goulot étroit, des flammes pures, et distillant une essence consacrée à Vénus. Les deux serpents qui se croisent marquent le choix et la prudence que l'on doit apporter dans la formation d'une alliance. Les deux coupes désignent deux époux; l'un père, ce qu'annoncent les plantes placées dessus; l'autre stérile, il repose sur un rocher nu. L'*as* de pique signifie *amour, Vénus, jouissance.*

Si le tableau de la Victoire le précède, c'est signe que le questionneur ou la questionneuse saura résister au pouvoir de l'amour; si c'est le contraire, c'est signe que l'amour triomphera.

N° 24.

L'hymen, départ, désunion, abandon,

L'Hymen, assis sur un nuage, tenant d'une main un flambeau, et de l'autre deux cœurs enflammés, dont il a fait le bonheur, annonce réunion des cœurs, ainsi que le *deux* de cœur placé au coin. A droite, ce tableau désigne que l'on réussira dans quelque réconciliation projetée; à gauche, il signifie rupture, manque d'ordre et non réussite.

Le tableau renversé présente le prompt départ d'un homme qui cause beaucoup de chagrin à ses parents, à ses amis, et surtout à son amante. A gauche, ce tableau, ainsi que le *deux* de carreau, annonce éloignement pour long temps; à droite, voyage inattendu.

N° 25.

Lucine, fécondité, célibataire, indécision.

Lucine, la déesse qui préside aux accouchements, assise sur un nuage, tient une corne dans laquelle sont deux enfants de l'un et l'autre sexe. Un génie vient l'éclairer de son flambeau, et lui apporter une couronne pour l'encourager aux soins pénibles qu'elle doit donner à ces deux petites créatures. Le *six* de trèfle annonce prospérité.

Placé à droite, ce tableau annonce un garçon, à gauche, une fille.

Renversé, il présente un célibataire, fumant sa pipe, et appuyé sur une table où sont une bouteille et un verre. C'est l'image de l'*insouciance* et de l'*indécision*. Le *sept* de carreau annonce *inconstance*. Ce tableau désigne volontiers une vie débauchée et désordonnée.

N° 26.

L'espérance et l'abondance.

Sous le signe de Mercure.

Une jeune femme, appuyée sur une ancre, levant la main au ciel pour le supplier de faire arriver à bon port le navire que l'on aperçoit dans le lointain : telle est l'image de l'espérance. Nous avons placé ce tableau sous la planète de Mercure, comme étant celle qui influe le plus sur les humains, en leur donnant plus ou moins le génie, l'invention, le commerce.

Ce tableau s'explique de lui-même : il annonce *espoir, consolation*. L'abondance est au-dessous, elle est représentée sous la figure de Cybèle, déesse de la terre et mère des dieux. Dans sa main droite, elle tient une gerbe de blé; dans l'autre, une corne d'abondance. Le *dix* de cœur désigne *fortune, joie* et *contentement*. Ce tableau est d'autant plus heureux que, précédé de Jupiter, il annonce *prospérité, réussite* dans les plantations.

N° 27.

Bonne foi, amitié, reussite, procès, chicane.

Ce tableau représente deux hommes qui, depuis longtemps divisés, se réunissent, et se promettent amitié. Le *neuf* de trèfle annonce grande *réussite* en amitié.

L'autre tableau offre deux procureurs qui s'injurient : c'est signe de chicane, de procès. Les deux petites pointes en croix, à gauche, annoncent la perte du procès, non réussite et mauvaises affaires. A droite, procès traîné en longueur par l'intérêt. Sujet de mauvais augure.

N° 28.
La renommée, obstacle.

La Renommée au milieu de son vol. Elle embouche la trompette qui lui sert à élever les actions éclatantes, et tient les couronnes qu'elle doit distribuer à ceux dont elle fait l'éloge. Elle annonce aussi les calamités. Lorsqu'elle vient à droite, elle apprend des choses agréables; mais lorsqu'elle vient à gauche, c'est la calomnie qui la guide.

Le tableau renversé nous représente une borne ou une espèce de mur en ruine, qui devient un obstacle à un aveugle dont il coupe la route; l'enfant qui le conduit semble lui dire qu'il ne peut aller plus loin. Le *six* de carreau est le même sujet. Cela veut dire que des envieux intriguent pour vous empêcher de réussir. A gauche, ce tableau nous présente des difficultés sans nombre à vaincre; mais à droite, précédé par la Prudence et la Victoire, la réussite est complète.

N° 29.

Naufrage, grand malheur, prison.

Un vaisseau fait naufrage sur une mer horriblement agitée ; le ciel est en feu, la foudre s'en échappe, les matelots cherchent à éviter la mort, en se cramponnant après des rochers. Le *dix* de pique ajouté au tableau signifie la même chose, c'est-à-dire, *grand malheur, dérangement dans nos affaires, incendie, perte de fortune.*

L'autre sujet est une prison lugubre, dans laquelle un homme enchaîné, signe de *captivité*, de *détresse* ; mais suivi de la Victoire, ce tableau est sans effet.

N° 30.

Patrouille, sûreté, poursuite imprévue, dépouillement, voleurs.

Une sentinelle dans sa guérite désigne la *surveillance* ; une patrouille, dans le lointain, à droite, signifie *sûreté* ; à gauche, *poursuite imprévue.*

Ce tableau renversé représente

des voleurs qui attaquent un voyageur. Le *cinq* de pique est le même sujet. C'est un signe que l'on sera volé, si le tableau n'est précédé de la Prudence.

N° 31.

Maison, table, festin, jalousie, courtisan.

Quatre personnages, hommes et femmes, paraissent se réjouir, et savourer les vins les plus délicats : ce tableau présage bonne société, jouissance.

Celui qui est renversé représente un homme et une femme qui se font des caresses. Un jaloux, dans le fond, les examine ; c'est sans doute un amant trompé ; il se mord les poings, et jure de se venger. Placé à gauche, ce tableau nous avertit d'être en garde contre la jalousie; à droite, il n'annonce que de vaines craintes. L'*as* de cœur signifie la même chose.

N° 32.
Bon voyage par mer, ville.

Un navire, au milieu d'une course heureuse, c'est un présage très-favorable surtout pour ceux qui ont leur fortune sur mer.

Le tableau renversé présente une ville dans le lointain; des voyageurs paraissent s'y rendre. Ce tableau s'explique de lui-même par ceux qui le précèdent. Le *trois* de carreau est le même sujet.

N° 35.

Lettre, billet doux, petit-maître, embarras.

Une jeune femme assise reçoit une lettre que lui apporte un jockei. Ce sujet, ainsi que *l'as* de carreau, annonce des *nouvelles et invitations agréables*.

Dans l'autre tableau, on voit un petit-maître entre deux jolies femmes, et fort embarrassé par le choix qu'il doit faire. Le *sept* de trèfle annonce qu'il s'agit de deux demoiselles, entre lesquelles le galant est embarrassé. Si le tableau vient à droite, le choix sera bon; et mauvais s'il se présente à gauche.

N° 34.
Economie, bourse d'argent, solitude, repos.

Cet homme, assis près d'un coffre fort, et tenant une bourse pleine, annonce un homme économe, si ce n'est pas un avare; son air cependant le ferait assez croire. L'*as* de trèfle est le même sujet. A droite, ce tableau annonce un riche capitaliste qui nous offrira sa bourse; à gauche, un avare qui ne nous prêtera qu'à un intérêt considérable.

Le sujet renversé annonce la solitude, le repos, par une femme occupée à lire, et jouissant de la paix des champs, de la félicité naturelle. C'est un présage de sagesse et de vertu.

N° 35.
Hypocrite, batterie, bacchanales, dispute.

Cet homme est un hypocrite qui n'accorde jamais un léger bienfait que lorsqu'il est sûr d'être vu. Il est facile de voir que c'est un de ces tartuffes qui, sous le manteau de la religion et de la sagesse, brûle des passions les plus criminelles. Le *quatre* de trèfle annonce également quelque chose de sinistre.

L'autre tableau, représentant des femmes de la halle, se disputant et se prenant aux cheveux, n'est pas d'un meilleur augure. Il signifie que l'on éprouvera quelque désagrément, quelque dispute inattendue.

N° 36.

Le vieillard, père de famille, société, mauvais caquet.

Ici un vieillard, habitant des campagnes, partage ses caresses entre ses enfants et sa femme. Son air vénérable, ses jouissances même, tout annonce que c'est un homme vertueux, en qui l'on peut se confier, et chez qui l'on trouvera des consolations. Ce sujet, ainsi que le *cinq* de trèfle, désigne *prospérité*, *réussite*, *protection* de l'Être souverain.

Le tableau opposé, où l'on voit

trois femmes, dans une veillée d'hiver, occupées à médire, n'annonce que caquets et mauvais propos. Le *sept* de carreau signifie la même chose.

N° 37.

La charité, franchise, femme traître.

Sous la figure d'une femme présentant son sein, à travers la grille d'une prison, à un vieillard, et entourée d'enfants qui semblent partager sa tendre sollicitude, est représentée la charité. Ici les deux âges sont désignés par l'extrême jeunesse et l'extrême vieillesse. Le *six* de cœur désigne franchise et amitié.

L'autre sujet représente une femme traître, se cachant la figure avec un éventail pour dérober son air faux, et flattant un chat, symbole de trahison. C'est un avertissement qu'il faut se défier d'une méchante femme. La *dame* de pique lui est attribuée.

N° 38.

Homme brun de tout cœur, homme blond bienfaisant.

Ce tableau offre aux yeux un de ces hommes brusques, un bourru bienfaisant, qui ne peut voir d'un œil sec la misère d'autrui; il donne une bourse d'argent à une vieille femme, et ne veut même pas qu'on le remercie. Le *roi* de trèfle désigne un *chef de famille*, un *homme de bien*.

A l'autre tableau l'on voit un homme blond, également bienfaisant; il réconcilie deux époux. Le *roi* de cœur lui est attribué. Ce tableau annonce *secours, assistance, sages avis.*

N° 39.

Bonne femme brune, bonne femme blonde.

Une jeune femme brune caresse son enfant. Ce sujet annonce la *douceur*, la *vertu même* ; la *dame* de trèfle désigne la même chose.

Le sujet qui tient au même tableau représente une bonne femme blonde, honnête et vertueuse; elle jouit en ce moment, du plus doux

de ses plaisirs, en faisant l'aumône.
La *dame* de cœur lui est attribuée.

N° 40.

Garçon brun, garçon blond.

Un jeune homme, dans un fauteuil, semble inviter quelqu'un à s'asseoir. Le *valet* de trèfle offre le même sujet.

Sur l'autre tableau est un jeune homme blond, assis également dans un fauteuil; il attend la réussite de quelque billet doux. C'est aussi le sujet du *valet* de cœur.

N° 41.

Fille brune, châtain-blonde, fille blonde et châtain-blonde.

Deux demoiselles, se donnant le bras, ont l'air de fixer quelqu'un. Le *huit* de trèfle leur correspond.

Au-dessous sont aussi deux demoiselles qui semblent se parler. Le *huit* de cœur leur est attribué.

N° 42.

Homme de campagne, étranger, nouvelles.

Ce tableau représente un bon paysan en voyage, la besace sur l'épaule et son chien devant lui. Le *valet* de carreau lui est attribué.

Annonce de l'arrivée de quelque bon fermier, de quelqu'un de campagne.

Dans l'autre tableau, l'on voit un étranger, le sac sur le dos, le bâton d'une main et de l'autre une lettre, ce qui désigne nouvelles. Le *valet* de pique signifie la même chose.

MANIÈRE

DE SE SERVIR

DES 42 TABLEAUX.

Nous indiquerons plusieurs manières de tirer ces quarante-deux tableaux ; comme il ne s'agit que de parvenir à un même résultat, tous les moyens que l'on emploiera seront bons. Les quarante-deux tableaux pour la plupart étant doubles, on aura soin de les tirer tels qu'ils sortiront, et de les étaler sur la table pour les expliquer. Le numéro 22, qui représente le consultant et la consultante, est ordinairement placé à la tête du jeu; nous l'avons mis au centre. Si ce tableau ne vient pas au premier coup, qui est toujours de 12 ou de 7; et qu'il se présente une femme, par exemple, lorsque l'on *travaille* pour un homme, cela veut dire que le consultant manque dans ses affaires, et qu'une femme s'intéresse à lui beaucoup plus que lui-même. Il en est de même si le *travail* se fait pour une femme, et qu'il vienne un homme.

Prenez vos quarante-deux tableaux dans vos mains; mêlez-les, et tout en les mêlant, ayez soin de les placer *tête-bêche*, sans y regarder; faites couper, ou coupez vous-même, si vous *travaillez* pour vous ou pour une personne absente; tirez ensuite douze tableaux à la file les uns des autres, placez-les devant vous, et interprétez-les, en allant de droite à gauche, comme vous avez dû les placer devant vous, en les levant de votre jeu un à un.

Mettez le treizième et le quarante-deuxième sous le douzième, ces deux tableaux vous surprendront d'une manière inattendue.

AUTRE MANIÈRE.

Battez le jeu, faites couper par la personne pour qui vous tirez les cartes. Cette opération faite, reprenez vos cartes, demandez à la personne sous quelle figure elle désire qu'on la retienne. Ensuite comptez six cartes, en commençant par la première en dessus le jeu, et mettez la septième sur la ligne des tableaux qui doivent sortir. Recommencez à compter six cartes, et la septième mettez-la à côté de la carte déjà sortie, et ainsi de suite pour tout le jeu; ce qui vous produira six cartes. Remarquez que, dans le second tirage, il vous restera seule en main la dernière carte du jeu que vous mettrez de côté pour en former le *tas* appelé de *surprise*.

Recommencez une troisième fois avec les cartes restantes qui vous produiront quatre cartes; il vous restera dans les mains les deux dernières, que vous mettrez au *tas de surprise*.

Vous mettrez horizontalement, sur un tas, les quinze tableaux ainsi tirés, dans l'ordre où ils sont sortis, sans avoir égard au numéro qui se trouve en tête de chaque tableau.

Nota. Si la carte retenue par la questionnante n'est pas sortie parmi ces quinze, alors elle se fera représenter par une de ces quinze cartes sorties, et qu'elle choisira à son gré.

Vos cartes une fois rangées, vous procéderez à leur explication. Pour cela faire, vous commencerez de la carte qui représente la personne, et vous dites : 1, 2, 3, 4, 5, 6, 7; vous continuez à compter ainsi, à plusieurs reprises, jusqu'à ce que la septième tombe sur la personne; alors cette manière est terminée.

Nota. Lorsque la questionnante précédera la septième carte, cette septième carte désignera la part que la questionnante aura à la chose que la carte indique; au lieu que quand ce sera la septième carte qui précédera la questionnante, cela dénotera l'influence que la carte a sur la questionnante, et ce qui doit lui arriver.

Une fois cette opération faite, on regardera les trois cartes qui forment le tas *de la surprise*. Ce sera ordinairement le résultat de ce coup de carte.

Ensuite, pour relever les cartes qui sont étendues sur la table, on prendra la première et la dernière, on les accouplera en les changeant de main, de façon que la dernière carte prendra la place de la première, et celle-ci celle de la dernière. On expliquera ces deux cartes en lisant leur valeur; remarquant bien que la carte que l'on tiendra dans la main gauche, commandera à celle de la main droite. Vous suivrez le même procédé jusqu'à ce que les cartes qui forment le rang, soient épuisées. Cela étant fait, vous prenez vos dix-huit cartes, et les divisez en quatre paquets, en procédant de la manière suivante.

En disant pour vous, et vous mettez une carte. — Pour la maison, et vous mettez une carte. — Pour ce qu'il en sera, et vous mettez une carte. — Pour la surprise, et vous mettez une carte.

Vos quatre paquets étant désignés chacun par une carte, vous défilez alors le reste de vos cartes sur les trois paquets, ayant soin de ne rien mettre sur la carte de surprise.

Vous recommencerez trois fois ce tirage, en ayant soin, à chaque nouveau tirage, de mettre une carte sur le *tas de la surprise*; et, chaque fois, vous expliquerez les cartes des trois premiers *tas*, ayant attention de n'expliquer le *tas de la surprise*, qu'au bout du troisième tirage, et alors le *tas de la surprise* doit avoir trois cartes. L'explication de chaque *tas* de cartes se fait en combinant la valeur des cartes qui se trouvent ensemble.

CARTES

Auxquelles les diseurs de bonne aventure attachent des pronostics.

On se sert d'un jeu de piquet ou des tableaux qui sont en même nombre; on les mêle, et on fait couper par la personne intéressée.

On tire une carte qu'on nomme *as*, la seconde *sept*, et ainsi en remontant jusqu'au *roi*. On met à part toutes les cartes qui arrivent dans l'ordre du calcul qu'on vient d'établir, c'est-à-dire que si, nommant un *as*, un *sept* ou telle autre, arrive un *as*, un *sept* ou celle qui a été nommée, c'est celle qu'il faut mettre à part. On recommence toujours jusqu'à ce qu'on ait épuisé le jeu : et si, sur la fin, il ne reste pas assez de cartes pour aller jusqu'au *roi* inclusivement, on reprend des cartes, sans les mêler ni couper, pour achever le calcul jusqu'au *roi*.

Cette opération du jeu entier se fait trois fois de la même manière. Il faut avoir le plus grand soin d'arranger les cartes qui sortent du jeu dans l'ordre qu'elles arrivent et sous la même ligne : ce qui produit une phrase hiéroglyphique, et voici le moyen de la lire.

Toutes les peintures représentent les personnages dont il peut être question ; la première qui arrive est toujours celle dont il s'agit.

Les *rois* sont l'image des souverains, des parents, des généraux, des magistrats, des vieillards. Les *dames* ont les mêmes caractères dans leur genre, relativement aux circonstances, soit dans l'ordre politique, grave ou joyeux. Tantôt elle elles sont puissantes, adroites, intrigantes, fidèles ou légères, passionnées ou indifférentes; quelquefois rivales, complaisantes, confidentes, perfides, etc. S'il arrive deux cartes du même genre, ce sont les secondes qui jouent les seconds rôles. Les *valets* sont de jeunes guerriers, des amoureux, des petits-maîtres, des rivaux, etc. Les *sept* et les *huit* sont des demoiselles de tous les genres. Le *neuf* de cœur se nomme, par excellence, la carte du soleil, parce qu'il annonce toujours des choses brillantes, agréables, des succès, surtout s'il est réuni avec le *neuf* de trèfle, qui est une carte de merveilleux augure. Le *neuf* de carreau désigne retard en bien ou en mal. Le *neuf* de pique est la plus mauvaise carte ; il ne présage que des ruines, des maladies ou la mort. Le *dix* de cœur désigne la ville, celui de carreau la campagne. Le *dix* de trèfle, fortune, argent, celui de pique, des peines et des chagrins. Les *as* annoncent des lettres, des nouvelles. Si les quatre *dames* arrivent ensemble, cela signifie babil, querelle; plusieurs *valets* ensemble, annoncent rivalité, disputes et combats. Les trèfles, en général, surtout s'ils sortent ensemble, annoncent succès, avantage, fortune, argent. Les carreaux, la campagne, indifférence. Les cœurs, contentement, bonheur. Les piques, soucis, chagrins, pénurie, la mort.

Il faut avoir soin d'arranger les cartes dans le même ordre qu'elles sortent et sur la même ligne, pour ne pas déranger la phrase et la lire plus facilement.

Les événements prédits, en bien ou en mal, peuvent être plus ou moins avantageux ou malheureux, suivant que la carte qui les annonce est accompagnée. Les piques, par exemple, accompagnés des trèfles, surtout s'ils arrivent entre des trèfles, sont moins dangereux; comme le trèfle entre deux piques, ou accolé d'un pique, est moins fortuné.

Quelquefois le commencement annonce des accidents funestes, mais la fin des cartes est favorable; s'il y a beaucoup de trèfles, on les regarde comme amoindris, suivant la quantité. S'ils sont suivis du *neuf*, de l'*as* ou du *dix*, cela prouve qu'on a couru de grands dangers, mais qu'ils sont passés.

Les as
{
1 de carreau, 8 de cœur.
— Bonne nouvelle.
1 de carreau, dame de pique. — Visite de femme.
1 de cœur, valet de cœur.
— Victoire.
1, 9 et valet de cœur. —
— Amant heureux.
}

{
1, 10 et 8 de pique. —
— — Malheur.
1 de pique et 8 de cœur.
— — — Victoire.
}

{
1 de trèfle, valet de pique.
— — Amitié.
}

Les 7.
{
7 et 10 de cœur. — —
— Amitié de demoiselle.
7 de cœur, dame de carreau.
— Amitié de femme.
7 de carreau, roi de cœur.
— — Retard.
}

Les 9. { Trois neuf ou trois dix.
— — Réussite.

Les 10 { 10 de trèfle, roi de pique.
— — Présent.
10 et valet de trèfle. —
— — Un amoureux.
10 de pique et valet de carreau. — — —
— Quelqu'un d'inquiet.
10 de cœur, roi de trèfle.
— Amitié sincère.

FIN.

Imp. de Ducessois, 55, quai des Augustins.
(près le Pont-Neuf.)

www.ingramcontent.com/pod-product-compliance
Lightning Source LLC
LaVergne TN
LVHW020941090426
835512LV00009B/1662